AF496844

# LA GUERRE

## DE DEMAIN

E. KELLER

ANCIEN DÉPUTÉ

# LA GUERRE
# DE DEMAIN

EXTRAIT DU *CORRESPONDANT*

PARIS

DE SOYE ET FILS, IMPRIMEURS

18, RUE DES FOSSÉS-SAINT-JACQUES, 18

1891

# LA GUERRE DE DEMAIN

De la prochaine guerre dépendra non seulement la grandeur, mais l'existence même de la France. Tout bon citoyen doit donc utiliser les instants qui nous en séparent pour s'y préparer et pour augmenter, autant qu'il est en lui, les forces morales et matérielles dont disposera son pays.

La guerre est inévitable parce que la France ne peut accepter comme définitive la situation amoindrie qui lui a été faite en 1871. Comme la Prusse après 1806, elle ne doit avoir qu'un but, sa revanche. Elle se fait bien attendre, cette revanche, et il est dur de vieillir sans l'avoir vue. Ceux qui voudraient nous la faire oublier, et qui emploieraient à autre chose nos forces et nos trésors, seraient des traîtres appelant sur leur tête les malédictions de la postérité. En dépit de sa richesse intarissable et des exhibitions fantastiques de sa puissance industrielle, la France reste humiliée et déshonorée, tant qu'elle n'aura pas repris ses provinces perdues, tant qu'elle n'aura pas reçu des agrandissements analogues à ceux que toutes les puissances se sont donnés dans ces dernières années.

Après la guerre de 1871, chacun se sentait atteint et diminué par le développement subit qu'avait pris la Prusse, devenue le nouvel empire d'Allemagne, et il semblait que la force des choses et l'instinct de la conservation devaient nous ramener les sympathies de l'Europe. Mais Bismarck ne commit pas la faute de Napoléon I<sup>er</sup>, qui avait systématiquement affaibli et mécontenté tout le monde, et ce fut le triomphe trop peu remarqué de son habileté d'associer à sa bonne fortune tous ceux qui auraient pu en être jaloux.

Stimulée par ses encouragements officiels et par ses manœuvres secrètes, la Russie pensa que l'occasion était bonne pour se dédommager aux dépens de la Turquie. En quelques mois, ses armées étaient aux portes de Constantinople. Au lieu de venir au secours du faible injustement attaqué et dépouillé, les autres puissances ne songèrent qu'à réclamer leur part de la curée. C'est dans ce but que se réunit le fameux congrès de Berlin, où le nom de l'Alsace et de la Lorraine ne fut pas prononcé, mais où la Prusse, suffisamment pourvue et ne demandant rien pour elle, invita l'Autriche et l'Angleterre, qui n'avaient pas fait la guerre, à partager le profit de la Russie et à s'enrichir impudemment aux dépens de la Turquie. Toujours désireuse de se créer de nouvelles étapes sur la route des Indes, l'Angleterre prit la belle île de Chypre, en attendant qu'elle pût s'installer en Egypte. L'Autriche, oubliant la défaite de Sadowa, accepta, en échange de son influence et de son rôle traditionnel en Allemagne, la Bosnie et le rêve d'un empire sur les bords du Danube et de l'Adriatique. Au lieu de protester, par son absence, contre un partage dont elle était exclue et qui consacrait son abaissement, la France mit sa signature à ce traité inique et ne réclama, comme compensation, que le plaisir platonique de soutenir les convoitises de la Grèce. En apparence, l'Italie ne recevait rien non plus ; mais elle avait abusé de nos malheurs pour s'emparer de Rome, et elle était bien aise de faire tacitement accepter par l'Europe cette violation des traités, qu'aux plus mauvais jours Gambetta avait refusé de ratifier.

Ces arrangements, combinés par la Prusse pour consolider sa puissance, furent le point de départ de la triple alliance qui nous menace aujourd'hui, et que compense à peine le mécontentement de la Russie.

Aux conséquences du congrès de Berlin, qui a continué et aggravé pour nous l'œuvre néfaste des traités de 1815, se joint le développement de force qui résulte, pour les autres nations, d'un accroissement normal et continu de population. Chose triste à dire, en France, le nombre des naissances diminue d'année en année, et va descendre, avant peu, au niveau du nombre des décès ; par suite, le chiffre des habitants varie à peine, alors qu'il s'augmente en Allemagne de plus de 800 000 par an, et en Russie de près de 2 millions. La France, qui était sous Louis XVI, avec ses 26 millions d'habitants, le premier Etat de l'Europe, n'en a aujourd'hui que 38 millions, tandis que l'Allemagne a passé de 20 millions à 46 ; l'Angleterre, de 12 millions à 35 ; la Russie, de 25 millions à 112 ; l'Autriche, de 18 millions à 39. Sans parler des Etats-Unis et de la Chine, et sans sortir de l'Europe, nous voilà au quatrième rang.

A moins d'accepter le rôle de puissance de second ordre qu'on semble lui assigner, la France est mise en demeure de faire un grand et suprême effort, et de réunir tout ce qu'elle a de patriotisme, de courage et de ressources pour tenter de reprendre sa place dans le monde.

Du reste, la guerre est pour l'énergie des peuples une épreuve salutaire. Elle est la grande école du sacrifice, et une nation qui serait si amoureuse du repos et du bien-être qu'elle ne serait plus capable, à une heure donnée, de mettre tout ce qu'elle possède d'or et de sang dans la balance de ses destinées, ne serait plus digne de son indépendance.

L'Alsace et la Lorraine attendent cette heure, qui doit être celle de la délivrance, avec une douloureuse anxiété. Elles sont bien décidées à ne pas se résigner à l'annexion, tant que cette partie décisive ne se sera pas jouée. En présence de leur résistance héroïque et de leurs élections toutes françaises, le vainqueur renonce à se les assimiler par la persuasion et par la douceur, il cherche à les exaspérer et voudrait les pousser à bout par la violence. Il compte ainsi faire émigrer une partie de la population qu'il remplacera par des Allemands, et en même temps il nourrit la secrète pensée que ces iniquités finiront par révolter les Français et les amèneront à déclarer la guerre.

Cette guerre, a dit M. de Bismarck, se fera dans dix ans ou dans dix mois. Au fond, ce sont les Prussiens qui ont mutilé la France et qui veulent consommer sa déchéance. Ce sont eux qui rendent ainsi une nouvelle lutte inévitable.

Mais ce sera une telle effusion de sang, un si horrible déchaînement de malheurs que tout le monde en a peur, que nos ennemis seraient bien aises de nous en laisser l'odieux, et qu'ils s'efforcent de mettre de leur côté l'opinion de l'Europe par l'éclat de leurs déclarations pacifiques.

Condamnés par l'incapacité de nos gouvernants à un isolement déplorable, nous aurions l'Europe sur les bras si nous troublions la paix générale, et nous sommes ainsi réduits à attendre que la Russie soit poussée à bout par ceux qui lui disputent les provinces danubiennes, ou qu'une fantaisie militaire traverse subitement le cerveau de Guillaume II.

Les uns ne voulant pas, les autres ne pouvant pas commencer les hostilités, chacun, du moins, s'y prépare avec une fiévreuse activité, et le plus clair des ressources du monde civilisé est employé au développement d'un état militaire qui laisse bien loin derrière lui tout ce qui s'est fait dans le passé,

Voyons ce que sont devenues les forces de la France. Elle n'a marchandé ni les hommes ni les millions à ceux qui la gouvernent. En ont-ils fait du moins un emploi judicieux, et peut-elle leur pardonner la pauvreté de leur politique extérieure en raison des soins patriotiques et intelligents donnés à son armée?

Depuis vingt ans, nos officiers, depuis le général de corps d'armée jusqu'au simple sous-lieutenant, ont travaillé avec un zèle, une abnégation, une persévérance admirables. Ingénieurs, chimistes et mécaniciens ont fait des merveilles pour leur procurer des voies de communication, des poudres et des armes plus parfaites. Mais, hélas ! en même temps, les vingt ministres de la guerre qui se sont succédé ont triplé leur labeur par des tâtonnements, des changements incessants. Préoccupés d'augmenter sans mesure le nombre des combattants, ils n'ont jamais donné à nos troupes ce qui peut, en temps de paix, développer leur valeur et préparer leur succès, à savoir : des effectifs assez nombreux pour apprendre à se mouvoir et pour bien encadrer nos réservistes au jour de la mobilisation, et des règlements de manœuvres simples et précis indiquant les formations qu'exige le combat moderne. Enfin, plus préoccupés de faire la guerre au catholicisme que d'assurer la supériorité morale de nos soldats, ils ont sacrifié à ce but coupable les véritables intérêts militaires, et ils s'efforcent de ruiner dans les jeunes générations la foi religieuse, qui est une des sources les plus fécondes du patriotisme et des vertus du soldat.

De là une situation fausse et pénible qu'il faut examiner à fond, pendant qu'il est encore permis d'y porter remède.

A la suite des désastres de 1870, il y eut une grande bataille livrée entre les partisans de la quantité et les partisans de la qualité des armées. A la tête de ces derniers luttait M. Thiers, avec une passion et une ténacité qui l'honoraient, mais qui manquaient le but en le dépassant. Peu de temps avant sa mort, il présidait encore la commission militaire de la Chambre des députés qui, par égard pour son grand âge, se réunissait chez lui, place Saint-Georges. Ceux qui ont assisté à ces réunions intimes n'ont pas oublié l'énergie avec laquelle ce vieil homme d'État défendait pied à pied la loi de 1832, combattait le service de trois ans, accusait ses collègues de la majorité d'ignorance et d'incapacité, et les menaçait d'abandonner la république si l'on touchait à l'armée : « Vous croyez, leur disait-il, que vous avez créé un monde nouveau ; depuis 1789, vous n'avez rien inventé, absolument rien, si ce n'est la planète Le Verrier. »

Evidemment, il allait trop loin. Nous avions en 1870 de beaux et solides régiments qui avaient été écrasés par le nombre. Peut-être, si l'on n'avait pas renouvelé l'éternelle faute des généraux médiocres, et si l'on avait concentré nos forces sur un seul point au lieu de les éparpiller de Saarbruck à Mulhouse, aurait-on pu frapper un coup heureux au début, détruire une des armées prussiennes et aborder les autres avec le prestige de la victoire. Mais comment conserver aujourd'hui l'espoir de vaincre avec 200 000 soldats bien exercés, quand l'Allemagne, au lendemain de ses triomphes, a triplé ses armements, ses cadres, ses moyens de concentration, et nous menace d'une véritable inondation de soldats. Aussi, dès le premier jour, l'Assemblée nationale avait-elle reconnu la nécessité d'opposer nation armée à nation armée, et avait-elle voté presque d'une voix unanime le service obligatoire.

De ce moment, en France comme en Allemagne, la quantité l'emportait sur la qualité, et l'on vit commencer entre ces deux puissances une véritable course au clocher, bientôt suivie par les autres pays, pour augmenter de jour en jour le nombre des hommes qui pourraient, en cas de guerre, être équipés, armés, encadrés, mobilisés, concentrés et vomis par les chemins de fer sur les champs de bataille de la frontière. En même temps, on calculait et on préparait tout ce qu'il leur fallait de canons et de voitures, de munitions, de vivres, de wagons, de quais de débarquement. La première armée de combat de 600 000 hommes du général Chareton ne suffisant plus, on en est venu graduellement à cette donnée fantastique de 1 200 000 hommes concentrés de chaque côté dans un espace de treize jours, et se livrant sans plus tarder la plus formidable bataille qui se soit vue depuis l'origine du monde.

Derrière ces 1 200 000 hommes de première ligne, il y en avait environ 1 200 000 autres pour défendre les places et pour réparer les pertes. Afin d'y englober les séminaristes, on vient d'y ajouter encore un million de soldats, au risque d'augmenter au delà des limites de la prévoyance et de l'activité humaines les chances de désordre et de confusion inséparables du mouvement de pareilles masses.

Ce n'est plus le triomphe de la quantité, c'est le fétichisme du nombre. Ce fétichisme règne dans la politique, où la majorité des électeurs domestiqués par la peur ou par l'intérêt fait illusion au pays et à ceux qui le gouvernent sur la force de leur pouvoir. Il y aurait beaucoup à dire sur la fausseté et sur la fragilité de ce masque, dont les politiciens se servent pour abriter leurs fantaisies, leurs passions, leurs faiblesses, jusqu'au jour inattendu de leur effondrement. Mais, au point de vue militaire, la dangereuse confiance qu'inspire le nombre est encore plus féconde en erreurs et en désastres irréparables. La guerre n'est pas un scrutin où l'on se contente de compter les fusils, et où il suffise, pour vaincre, d'avoir amené à la frontière un corps d'armée de plus que son adversaire. Le nombre est en lui-même une bonne chose; mais, pour ne pas dégénérer en cohue, pour ne pas donner lieu à des déroutes, à des famines, à des épidémies gigantesques, il exige aujourd'hui une puissance de direction, une vigueur de commandement, une prévoyance de détails, une promptitude de coup d'œil et une audace de décision que les plus grands capitaines des siècles passés n'ont pas été obligés d'atteindre.

On se figure volontiers qu'à présent la science supplée au génie, et l'on ne voit pas qu'elle ne fait qu'agrandir sa tâche et décupler ses embarras. Sans doute, les chemins de fer permettent d'amener à la frontière près de 2 millions d'hommes, et de cinq à six mille pièces d'artillerie. Ces soldats qui tiraient jadis à 200 mètres, et qui étaient bientôt aveuglés par leur propre fumée, ont des fusils sans fumée qui portent, avec la dernière précision, à 2000 mètres, des canons qui vont à 5000 mètres. Mais quel emploi fera-t-on de ces multitudes? Va-t-on les disposer en un long cordon de 200 kilomètres, à raison de 10 hommes par mètre, chiffre adopté par Napoléon I$^{er}$, ou en trois ou quatre armées séparées et distinctes, livrant chacune sa bataille à 20 lieues l'une de l'autre; ou bien, enfin, se trouvera-t-il un grand capitaine qui les fera converger vers un but unique, de manière à briser toute résistance et à écraser son adversaire? Le général en chef livrera-t-il sa grande bataille à coups de télégraphe, sans voir ses ennemis, sans juger par lui-même des vicissitudes de la lutte, sans pouvoir réparer des désastres qui échapperont à ses regards, sans diriger de sa personne les masses tenues en réserve et chargées de frapper les grands coups? Ou bien, laissant ailleurs à ses lieutenants le soin d'une défensive énergique, sera-t-il tout entier à l'acte décisif, animant les troupes de sa présence, jugeant de ses yeux les obstacles à vaincre, devinant et devançant les résolutions de son adversaire, et conduisant d'une main sûre une offensive irrésistible? Voilà le problème qui se pose aujourd'hui pour ceux qui peuvent être appelés au commandement en chef. Nous respectons le silence de leurs méditations et le secret de leurs plans, et nous demandons au Dieu des armées d'illuminer leur intelligence et de les mettre à la hauteur de la mission grandiose qu'ils auront à remplir.

Toutefois, s'il se rencontre un véritable homme de guerre, son choix ne sera pas long entre le procédé mécanique et le procédé artistique. Il n'acceptera pas, on peut l'affirmer, les arrêts de la science moderne, qui prétend que désormais la victoire est une question d'ingénieur, que le temps des grandes combinaisons est passé, et que l'on se bornera à pousser devant soi des centaines de mille hommes et à ranger en présence deux masses qui s'useront par le frottement. Plus que jamais l'intelligence a libre carrière pour trouver des idées simples et fécondes, pouvant produire d'immenses résultats. En effet, quand on songe à ces armées dont chaque corps occupera en marchant 50 kilomètres de longueur, et se reliera pour subsister à tout un réseau d'étapes et de voies ferrées, on se demande comment ce gigantesque appareil pourra se retourner, et quel désordre ne produira pas dans ses rouages celui qui, au lieu de l'aborder de front, viendra l'attaquer par le flanc, qui pénétrera sur ses lignes de communication, qui interceptera ses convois de vivres et de munitions, et qui rejettera les unes sur les autres ses colonnes désorientées et affamées.

Si rien n'est inégal, incertain et mystérieux comme la valeur que déploiera le général en chef, il n'en est pas de même des moyens matériels mis à sa disposition. Chez tous les peuples civilisés, poudre, fusils, canons, projectiles, ont à peu de chose près le même degré de perfection. Les inventions se succèdent, elles bouleversent et renouvellent les armements, et semblent pour un instant assurer la supériorité de celui qui les possède. Mais nous ne sommes plus au temps du feu grégeois, et, dans notre siècle d'immense publicité et de science universelle, il n'est pas de précautions ni de rigueurs qui puissent garder longtemps un secret de ce genre. Quand on a fait une découverte importante, il faut s'en servir tout de suite ou se résigner à la voir bientôt tomber dans le domaine public.

Pas plus que la science, la tactique n'a de mystères. Chacun discute au grand jour ses procédés, qui sont une question de bon sens et qui doivent, on le comprend, être adaptés au progrès de l'armement moderne. Cependant, ici, il faut se garer de l'agitation des esprits médiocres qui veulent tout changer, tout bouleverser, et qui, sortant de la vérité, s'égarent dans un inextricable dédale de contradictions.

La cavalerie, la première, a vu contester son rôle traditionnel et presque son existence. On assurait qu'elle ne pouvait plus se montrer devant les nouveaux fusils, et il a fallu l'énergie de ses défenseurs pour démontrer que sa mission n'était pas finie, qu'elle était toujours appelée à préparer les batailles par ses reconnaissances, à les terminer par ses poursuites et à y intervenir par ses apparitions soudaines et impétueuses. Aujourd'hui sa cause a triomphé, et l'arène lui reste ouverte, à condition de s'y montrer vigilante, agile dans ses mouvements et prompte comme la foudre pour frapper un ennemi surpris et démoralisé.

L'artillerie, au contraire, inspirant confiance par la portée et par la précision de ses pièces, s'est démesurément accrue, au risque d'encombrer les routes de ses longues files de chevaux et de voitures. Toutefois, on limite son emploi à un duel à coups de canon qui occupera la première heure du combat, et pendant lequel toutes les batteries entreront en scène et lutteront à qui éteindra le feu de son adversaire. C'est suivre l'exemple de Napoléon I<sup>er</sup> à son déclin : à mesure que ses armées devenaient plus nombreuses et moins aguerries, il compensait leur faiblesse par le développement de leur artillerie, et il commençait ses batailles par une grande canonnade. Toutefois, il ne faut pas oublier que, loin d'engager toutes ses batteries au début d'une affaire, il gardait toujours une puissante réserve de canons, qui apparaissaient au moment décisif pour fermer une brèche dans la ligne de bataille ou pour en faire une dans la ligne ennemie. Voilà ce qu'il ne faut pas oublier. Quelques centaines de pièces intactes mises tout à coup en ligne au plus fort de la lutte pèseront d'un grand poids dans la balance de la journée.

La double tendance de proscrire l'arme blanche et de tout décider par une grêle de projectiles aux grandes distances devait surtout se manifester dans la nouvelle tactique imposée à l'infanterie. Réunissant jusqu'à présent un double rôle et étant à la fois, comme la cavalerie, une troupe de choc et, comme l'artillerie, une troupe de feu, elle s'est vu tout naturellement contester le premier de ces modes d'action, et on a voulu la réduire à n'être plus elle-même qu'une sorte d'artillerie à longue portée.

Autrefois les tirailleurs formaient un léger rideau, à l'abri duquel les colonnes d'attaque se massaient pour enlever de vive force la position de l'ennemi. Le règlement de 1875 déclare qu'il est désormais impossible de marcher en ordre serré sous le feu des nouvelles armes, et il en conclut qu'il faut renoncer absolument aux colonnes profondes, disposer les troupes en ligne mince et fractionnée, les conduire en avant d'abri en abri dans cet ordre dispersé, et alimenter par des renforcements successifs, mais toujours restreints, cette chaîne de tirailleurs, à l'avenir seule chargée du combat. C'est là le système des petits paquets qui morcelle à l'infini la troupe engagée, afin de la soustraire aux coups de l'ennemi. De là le partage de la ligne de combat en quatre échelons, de la compagnie en deux pelotons séparés, des pelotons en escouades indépendantes, des escouades en tirailleurs espacés et tous abrités par le terrain.

Dans ces innovations, on s'est traîné servilement à la suite des Prussiens, et on n'a eu en vue que de réglementer ou de perfectionner l'ordre dispersé. Le général Campenon, en 1883, et l'Instruction sur le combat de 1887 s'efforcèrent de rendre un peu de cohésion à la ligne des tirailleurs, et de lui donner plus de puissance et d'entrain pour l'offensive. L'intervalle entre les files d'une même escouade est réduit de moitié, l'échelon de renfort est supprimé, les troupes s'engagent par compagnies entières, le front d'attaque du bataillon se resserre, le morcellement diminue. Mais ce ne sont là que des améliorations de détail.

Du reste, nulle suite dans ces changements. Les ministres de
la guerre, qui se succèdent d'année en année, apportent chacun
leurs idées nouvelles sur la formation de la chaîne des tirailleurs.
Ils manient et remanient sans cesse, sur ce point spécial, le bagage
de connaissances que nos malheureux officiers et sous-officiers
doivent porter avec eux, se creusant la tête pour savoir ce qu'ils
pourraient bien y ajouter. Les cadres permanents de l'armée active
se perdent dans ce dédale de préceptes contradictoires, où ils ont
grand'peine à se reconnaître. Quant aux cadres de la réserve et de
l'armée territoriale, qui croyaient avoir une teinture d'instruction
militaire, ils s'aperçoivent en revenant au régiment qu'ils ne savent
rien, et, saisis de découragement, ils renoncent à comprendre ce
qu'on leur enseigne. Ce désordre arrive à son comble avec M. de
Freycinet, qui en est à son troisième projet de règlement de
manœuvres pour l'infanterie.

La première qualité d'un règlement de ce genre, c'est d'être
immuable dans son texte, immuable dans ses divisions, sauf les
modifications de détail qu'on est strictement obligé d'introduire
dans tel ou tel article. Le nôtre ne cesse pas d'être bouleversé.
La seconde qualité de ce règlement, c'est d'être simple et bref. Au
lieu de le grossir, il importe de le dégager de tout ce qui n'est
pas indispensable, de même qu'on cherche à débarrasser le soldat
de tout ce qui augmente sans nécessité le poids de son équipement.
Or, chez nous, l'école du soldat a passé de 176 pages à 238,
alors qu'elle en compte seulement 62 en Prusse. L'école de compagnie a 120 pages chez nous et 23 chez nos voisins. L'école de
bataillon a 92 pages au lieu de 13. Avec 43 pages de généralités
sur le combat et 16 pages en tout pour l'école de régiment et
de brigade, les Prussiens ont en 157 pages ce qui, pour nous, en
occupe plus de 500.

Et tout cela pour développer une donnée fausse, à savoir que
l'infanterie n'agira plus à l'avenir que par ses projectiles, que le
combat sera conduit dans toutes ses phases par une ligne de
tirailleurs, et que cette ligne devra être à la fois assez dense
pour acquérir la supériorité du feu et assez mince pour ne pas
subir de trop grandes pertes. Les batailles seraient ainsi livrées
par une armée comptant 2 ou 3 fusils par mètre, ce qui pour
1 200 000 hommes exigerait un développement fantastique de
400 kilomètres. De là, dans toutes les manœuvres, la tendance
fâcheuse à développer sans mesure le front d'attaque, et à essayer
des mouvements tournants et enveloppants au risque de n'avoir
partout qu'une véritable toile d'araignée.

Le général Berthaut a protesté le premier contre ces insanités

et rappelé que l'infanterie, qui se défend partout par son feu, doit
être pour l'offensive et pour l'acte décisif une arme de choc,
agissant par sa masse. « L'ordre de combat, dit-il dans ses *Principes
de stratégie*, relativement mince sur le point où l'on se borne à
maintenir l'ennemi, doit être profond sur ceux où se fait l'attaque
principale. Les divisions, destinées à cet effort, ont un front de
combat aussi restreint que possible. Elles mettent en première
ligne deux bataillons seulement; les dix autres forment deux échelons en arrière, et sont destinées à agir énergiquement au moment
de l'assaut. »

Inspiré par la même pensée, le général Philebert a démontré,
avec la dernière évidence, que jamais une ligne de tirailleurs,
épuisée par de longs efforts et par des pertes inévitables, n'enlè-
vera une position sérieusement défendue, et que, pour y parvenir,
il faut des troupes fraîches capables, comme un bélier, d'enfoncer
l'ennemi.

Cependant jusqu'à présent ces éloquentes protestations n'ont pas
trouvé d'écho et n'ont pas rendu à l'infanterie son ancienne puissance et sa liberté d'action. La reine des batailles est condamnée
à n'être plus qu'une arme défensive. Tant qu'elle n'aura pas acquis
par son propre feu, joint à celui de l'artillerie, la supériorité sur
le feu de l'ennemi, tant qu'elle n'aura pas à 600 mètres réduit son
adversaire au silence, il lui est défendu de l'attaquer. Vous aurez
beau avoir sur un même point 40 000, 100 000 hommes résolus,
prêts à enlever une position importante et pouvant décider de la
journée en faisant une trouée sur le champ de bataille, il suffira
d'une chaîne de 2000 ou 3000 tirailleurs pour leur en interdire
l'approche et pour leur barrer la route jusqu'à la nuit.

En Allemagne, en Autriche, en France, tout le monde répète
cette absurdité. Les Russes seuls jusqu'à présent ont le courage
de maintenir le droit de l'offensive, du choc, de la baïonnette. Le
général Dragomirow indique comment cette attaque peut se faire.
Il reconnaît que le stationnement sous le feu est devenu impossible,
que la marche en avant est un acte héroïque pouvant coûter les
plus grands sacrifices. « Vous voilà, dit-il, arrivés à ce moment
où, pour un homme d'honneur, il n'y a plus de milieu entre la
victoire et la mort.

« Si l'assaut est donné par un bataillon seulement, les quatre
compagnies sont déployées l'une derrière l'autre à une certaine
distance. Une fois lancées, elles ne devront plus s'arrêter même si la
compagnie de tête cessait d'avancer. S'il s'agit d'un régiment,
les seize compagnies marchent de même déployées deux par deux
à 50 pas de distance. Quand la première ligne s'arrête, une

seconde, une troisième, une dixième, une vingtième, doivent s'avancer pour l'appuyer. L'assaut est une marée montante dont les flots se succèdent sans interruption. »

On peut discuter sur les détails, sur les procédés de cette offensive. Mais qui ne sent qu'il y a là une vérité éclatante comme le soleil, et que tous les efforts de la routine ne parviendront pas à maintenir sous le boisseau. La victoire appartiendra, comme autrefois, à celui qui, derrière le rideau de tirailleurs, amènera des masses et les lancera rapidement à l'assaut, en lignes assez espacées pour offrir moins de prise au feu opposé, mais assez rapprochées et assez nombreuses pour écraser toute résistance.

Toute la bataille napoléonienne est orientée sur cette attaque décisive qui arrive à l'instant voulu. Pendant que le combat semble traîner, l'Empereur prend ses masses en main et frappe soudain le coup décisif. Sur le point qu'il a choisi, cent pièces de canon vomissent la foudre; puis, comme une trombe, les colonnes d'infanterie et de cavalerie balayent le terrain. C'est l'ouragan qui emporte tout.

Les choses n'ont pas changé. Le général en chef ne peut pas agir sur toute l'étendue d'un front immense, avec une chaîne mince et fragile qui, en cas d'échec, est vouée à la déroute et à la destruction, et qui, en cas de succès, est déjà à bout de souffle et épuisée par son effort. Les règlements ont fixé avec la dernière minutie le combat préparatoire des tirailleurs, ils ne disent pas un mot de la véritable attaque, dont ils semblent contester la possibilité et qu'ils abandonnent aux inspirations de chacun. Il est temps de combler cette lacune et, sans enchaîner l'initiative des chefs, de leur indiquer en quelques pages comment ils doivent réserver la plus grande partie de leurs forces pour l'acte décisif, et les mener à l'assaut des positions ennemies. Le bon sens indique que cette offensive doit être menée avec plus de célérité que par le passé, et que, pour ne pas s'exposer à des pertes inutiles, l'ancienne colonne d'attaque doit se diviser en échelons suffisamment espacés, mais marchant tous d'un même pas sur l'obstacle à enlever. Voilà ce qu'il importe de formuler clairement.

Ainsi chaque arme conservera son rôle traditionnel.

La cavalerie éclairera la marche des armées, interviendra quelquefois par des charges inattendues et complètera la victoire en poursuivant l'ennemi. L'artillerie préparera la lutte par une canonnade générale, et les attaques spéciales par l'intervention de réserves soigneusement ménagées. Enfin l'infanterie restera à la fois une arme de feu pour se défendre et une arme de choc pour attaquer et pour décider du sort de la journée.

Toutefois les difficultés et les périls ont décuplé. Tout arrêt, toute hésitation, toute débandade peut causer des pertes incalculables, et, à cette heure où il semble que le nombre soit tout, la qualité du soldat est plus que jamais nécessaire.

Quand Napoléon Ier remportait ses plus belles victoires, c'était avec 90 000 ou 100 000 soldats exercés, rompus à la fatigue et au danger. Ils avaient une supériorité telle que l'Empereur avait toute liberté d'écraser son adversaire sur un point pendant qu'il l'arrêtait sur les autres avec des troupes peu nombreuses. C'est ainsi qu'à Iéna il détruisait la moitié de l'armée ennemie tandis qu'à côté de lui, à Auerstaedt, Davoust barrait le passage à 70 000 Prussiens avec 25 000 Français. Il en était de même à Austerlitz où, à notre droite, Davoust et Friant se battaient victorieusement avec 10 000 hommes à peine contre 35 000 Russes.

Aujourd'hui nous n'avons plus de vieux régiments, plus de soldats de métier, et il est permis de se demander quelle sera l'attitude, la vigueur, l'intrépidité de ces deux ou trois millions d'hommes connaissant à peine leurs officiers, n'ayant jamais entendu siffler une balle, et que les chemins de fer enlèveront en quelques heures à leur famille, à leur vie paisible et sûre pour les verser sur les champs de bataille sous la plus horrible grêle de projectiles qui se soit jamais vue.

Il y a là un imprévu redoutable dont il est impossible de sonder les abîmes. Cependant les gens sensés sont unanimes à reconnaître que, pour qu'une troupe ait quelque chance de résister à cette épreuve et de conserver sa cohésion sous le feu, il faut que le nombre de réservistes rappelés dans le rang n'y dépasse pas celui des soldats exercés et présents sous les drapeaux. Ainsi on pense qu'on peut sans trop d'imprudence verser 130 réservistes dans une compagnie de 130 soldats. Mais on ne va pas au delà. La compagnie de paix des Prussiens qui comptait 135 hommes en a 144 aujourd'hui, pour arriver à 260 en temps de guerre. On voit qu'elle a sensiblement dépassé la proportion de la moitié.

En France, elle n'a jamais été atteinte. Elle ne l'est même pas dans l'effectif fictif, qui ne figure au budget que pour tromper les badauds et pour servir d'argument au ministre de la guerre et aux orateurs de Berlin. Que dire de l'effectif vrai, mesuré aux crédits, et sur lequel on réalise encore en cours d'exercice de criminelles économies? L'effectif vrai de la compagnie française, qui doit être de 260 hommes en temps de guerre, a été pendant quelques années de 50 à 60 hommes, si bien qu'il a fallu vider des régiments entiers pour envoyer de petits bataillons en Tunisie. Aujourd'hui il est de 90 ou 100 hommes dans les régiments de l'intérieur, c'est-à-dire encore bien insuffisant. Malheureusement les réclamations faites à ce sujet ont peu de chance de succès, parce qu'elles tendent à diminuer les congés, et que les congés ont pour les élccteurs et, par suite, pour les députés un charme irrésistible.

J'en ai fait plus d'une fois la triste épreuve. Un jour, pour augmenter le nombre des congés, un ministre bien digne de séduire cette Chambre, le général Boulanger, proposa de diminuer l'effectif de l'armée française de 19 000 hommes. C'était le moment où la Prusse augmentait la sienne de 41 000 hommes. Différence : 60 000 hommes. Je protestai contre cette offre coupable, espérant qu'on n'oserait pas la ratifier. Non seulement on l'accepta, mais on tint cyniquement à constater par un scrutin public le nombre des amis des congés, et pour s'y opposer il ne se trouva avec moi qu'un seul collègue de gauche, M. Gadault, dont je n'ai pas oublié le nom. Depuis 1871, j'ai rarement souffert dans mon patriotisme autant que ce jour-là.

Dans ces compagnies si réduites, les séminaristes, qui ne feront jamais le coup de feu, tiennent la place des hommes qu'il faudrait instruire. Mais leur présence sous les drapeaux cause à nos libres penseurs une satisfaction qui laisse bien loin derrière elle le souci des intérêts militaires.

Il n'y a plus que trois ans de service, et il faudrait les bien employer. Cependant, quand il s'agit d'aller à l'exercice, les circulaires ministérielles en dispensent les élèves musiciens, les lampistes, les coiffeurs, les cuisiniers, les jardiniers, les employés du tir, de l'escrime et des magasins, les ouvriers, les ordonnances, et il ne reste souvent qu'une vingtaine d'hommes sur cent à la manœuvre. Le tir à la cible est plus nombreux, mais la commission du budget lui marchande misérablement les cartouches, au lieu de les prodiguer même aux tirs de réservistes et de territoriaux, qu'on devrait organiser et multiplier partout. Cependant quel écart n'y a-t-il pas comme effet utile entre le soldat qui tire sans viser, et qui brûle plus de cent cartouches pour toucher un homme, et le soldat exercé et de sang-froid, sûr de son coup de fusil! Et aujourd'hui que l'on parle tant de la supériorité du feu, ne voit-on pas qu'une longue pratique du tir à la cible est le vrai moyen de l'acquérir?

On n'a même pas songé à former au milieu de ces multitudes peu exercées une troupe d'élite, recrutée et préparée avec soin, capable d'un effort spécial, soit qu'il s'agisse d'attaquer la nuit et d'occuper, à la faveur des ténèbres et de la panique semée dans les camps ennemis, une position qui décidera la victoire du lendemain, soit qu'il faille, en plein jour, aborder et enlever des obstacles redou-tables et faire, coûte que coûte, une trouée sur le champ de

bataille. A la folie du nombre s'est jointe la manie de l'uniformité.
C'est à grand'peine que nos chasseurs à pied, avec leur point
d'honneur et leurs traditions de bravoure, ont pu échapper à nos
aveugles niveleurs. Ils croiraient la république en danger s'il y
avait pour les défendre un corps d'armée choisi, qui pourrait rappeler la garde impériale.

Ainsi règlements de manœuvres volumineux et incomplets, —
effectifs de paix insuffisants, — temps de service court et souvent
mal employé, — uniformité dans le recrutement et l'organisation des
troupes, — tout tend à diminuer la valeur militaire des armées
dont on a si démesurément exagéré le nombre. Reste un élément
de force, qui domine de haut tous les autres et que rien ne saurait
remplacer, c'est la vigueur morale du soldat.

Quelle que soit la rapidité de la mobilisation et de la concentration, quelle que soit la perfection des engins de guerre, la précision et la portée des armes, l'important est que l'homme qui les
maniera ne perde pas la tête en face du danger; que, voyant ses
camarades fauchés autour de lui, il conserve, pour les venger, son
courage et son sang-froid, et qu'il soit inaccessible à la peur qui
engendre la panique, la déroute et les défaites. S'il y a une différence énorme entre le bon et le mauvais tireur, il y a un abîme
entre le poltron, qui encombre le champ de bataille de sa présence
inutile et de son dangereux exemple, et le brave qui raffermit autour de lui les cœurs ébranlés et qui marche à l'ennemi en faisant
joyeusement le sacrifice de sa vie.

Comment donner au guerrier cette qualité maîtresse? Nous ne
sommes plus au temps où des peuples barbares avaient pour le
combat un attrait farouche. Le sentiment de l'honneur lui-même
s'affaiblit et ne suffit plus pour braver une pareille épreuve. Une
seule pensée peut soutenir le simple soldat en face de la mort, qui
va, sans gloire et sans profit, immoler sa jeunesse, c'est la pensée
du devoir à accomplir et la certitude d'une vie meilleure où son
sacrifice sera récompensé. L'intérêt et l'instinct de la conservation
lui disent de se dérober au péril. La religion lui montre le ciel et
lui crie : en avant!

Aussi tous ceux qui n'ont pas perdu le sens commun font-ils
appel à cette puissance morale pour retremper les courages. En
Suède, le règlement militaire proclame que la crainte de Dieu est
le fondement de toute vertu et de toute honnêteté, et que c'est
elle qui porte le mieux l'homme de guerre à remplir loyalement ses
devoirs.

En Russie, le vaillant apôtre de l'offensive, le général Dragomirow, demande que les procédés nouveaux ne fassent jamais perdre

de vue la chose essentielle, le nerf de la guerre, c'est-à-dire la conservation du moral et de l'énergie. Il tient à ce que ses soldats récitent la prière du matin et du soir, et après le *Notre Père*, il leur fait chanter l'hymne guerrier : « Dieu des armées, sois avec nous ; car dans la peine nous n'avons pas d'autre appui que toi. Dieu des armées, bénis-nous. »

Dans son coup d'œil sur la situation des armées européennes, le major prussien Scheibert dit que « de nos jours il est particulièrement nécessaire pour l'homme de guerre de se rattacher avec une insistance spéciale au moteur essentiel, à la force morale. En effet, à notre époque où le monde tourne à l'égoïsme, où l'on cherche à tuer le sentiment du devoir par la raillerie, où l'armée elle-même glisse peu à peu sur la pente du matérialisme, il y a lieu de rappeler à l'armée qu'un soldat sans religion est un instrument sans valeur.

« Bien que dans la dernière campagne les préparatifs et les manœuvres aient produit des résultats surprenants, l'observateur impartial et clairvoyant n'en aperçoit pas moins, au fond de la plupart des batailles, le doigt du Dieu des armées et un facteur moral qui domine les calculs les plus subtils. »

Pendant que les nations militaires reconnaissent et proclament ainsi la valeur du sentiment religieux, l'Italie, qui a la prétention d'avoir aussi une armée, mais qui n'en a pas encore fait la preuve, s'ingénie à trouver ailleurs la base de l'éducation morale du soldat. A entendre le général Marselli, dans sa *Vie militaire*, « l'influence de la religion est affaiblie par l'effet du développement scientifique, industriel et démocratique. D'ailleurs, en Italie spécialement, l'Église catholique est hostile au royaume nouveau.

« Le prêtre est à bannir absolument du régiment. Fidèle au Vatican, l'amour de la patrie lui manque. Rebelle, c'est un apostat sans prestige.

« Que faire? Il faut que l'officier soit le prêtre de la patrie et l'apôtre du devoir, que, par sa sollicitude paternelle, il s'efforce de créer autour de la troupe un milieu moralisateur, et qu'il finisse par devenir un dieu pour lequel le soldat se fera tuer. »

Nous souhaitons bonne chance aux Italiens dans la fabrication de cette nouvelle morale et dans la recherche de cette divinité inconnue. Ils suivent en cela les inspirations de nos politiciens français, de nos petits hommes d'État en habit noir, eux aussi en travail pour accoucher d'une morale civique et absolument laïque, pour l'amour de laquelle des centaines de mille hommes feront le sacrifice de leur vie. Heureusement l'armée française ne les suit pas dans les rêves creux et dans les fureurs aveugles de leur monomanie anticléricale. L'armée pousse bien loin l'abnégation, le respect de la loi et l'abstention politique ; et elle va jusqu'à subir dans ses propres affaires l'ingérence d'un ministre civil. Mais elle ne se croit pas obligée d'épouser les erreurs de ceux qui gouvernent, et, pendant que ces insensés font tout pour nous conduire aux abîmes, elle conserve un trésor de traditions fortes et d'idées saines, qui seront le salut de la France. La société civile est fondée sur le mépris de toute autorité. On y arrive à la fortune sans travail, au plaisir sans sacrifice, au pouvoir sans services rendus. Dans l'armée règnent, au contraire, l'ordre et la discipline ; les traitements y sont modestes, la vie austère ; l'avancement y est la récompense lente et régulière du travail et du mérite. Recruté dans toutes les classes de la population, notre corps d'officiers est animé d'une généreuse émulation, d'un vif sentiment de confraternité, et il n'a rien à envier à ceux des autres nations. Il ne professe pas le fétichisme du nombre ; il sent que le succès sera à ceux qui auront su joindre la qualité à la quantité, et, au milieu des entraves qui gênent sa libre action, il fait tout pour développer la valeur militaire et morale des hommes qui lui sont confiés. Tout récemment, dans la *Revue des Deux Mondes*, un écrivain militaire publiait un article fort remarqué sur le rôle social de l'officier. Il était facile d'y reconnaître la plume d'un chrétien, et nos généraux les plus en vue, comme un grand nombre de leurs inférieurs, s'honorent de manifester ouvertement leur foi religieuse, puisant ainsi à la vraie source la force qui trempe les âmes et qui soutient les courages.

Il ne faut donc pas désespérer de l'avenir, et quand sonnera l'heure des grandes épreuves, il est permis de compter que l'armée sauvera le pays. En dépit des théories constitutionnelles et des caprices momentanés de la fortune, le pouvoir et la victoire appartiennent en fin de compte à ceux qui sont le plus fermement décidés à mourir, s'il le faut, pour leurs convictions et pour leur patrie. Aujourd'hui la France mutilée n'est à personne. Demain elle se donnera et s'attachera pour longtemps à ceux qui lui auront rendu l'Alsace et la Lorraine.